A LA MÉMOIRE DE MON PÈRE,

REGRETS ÉTERNELS !!!

—

A MA MÈRE, A MES SOEURS,

Amour et dévouement sans bornes.

—

A MON ONCLE, A MA TANTE,

Amour et reconnaissance.

—

A MES PARENTS, A MES AMIS.

1850

Faculté de Droit de Toulouse.

ACTE PUBLIC

POUR LA LICENCE,

EN EXÉCUTION DE L'ART. 4, TIT. 2, DE LA LOI DU 23 VENTOSE AN 12.

SOUTENU

PAR M. BAYON DE LIBERTAT,

Né a Boulogne (haute-garonne.)

JUS ROMANUM.

—

LIV. III. TIT. II.

De legitimá agnatorum successione.

Si quis decedat, neminem suum hæredem relinquens, vel alium qui inter suos, aut à prætore, (ut emancipatus) aut à constitutionibus, tunc lex duodecim tabularum, secundo loco, proximum agnatum ad hæreditatem vocat. Non tamen omnes simùl agnati, ad defuncti hæreditatem vocantur à lege duodecim tabularum. Sed hi tantùm, qui tunc proximum gradum obtinebant, cùm certum esse cæpit, intestatum aliquem dececisse. Quod quemadmodùm intelligi debeat, infrà latiùs docebimur.

De cognatis ad gradum agnatorum vocatis.

Non tantùm autem per generationem, sed etiam per adoptionem jus agnationis consistit, veluti : habeo naturalem filium, accepi et adoptivum ; hi sese mutuò non agnatos tantùm, sed etiam consanguineos vocabunt. Sed et si ex cæteris agnatis quispiam veluti frater meus, aut patruus, patrui ve filius, vel ex filio nepos, in adoptionem aliquem accipierit, inter nos agnatio constituitur. Hæreditas inter masculos jure agnationis defertur, etiamsi longissimo inter se gradu sint, defunctus et successor ejus; quoniam fieri potest, ut exstet patrui abnepos per omnes virilis sexûs personas decendens, qui septimo gradu est.

Quod verò ad feminas attinet : si femina erat, quæ ad hæreditatem aspirabat, tunc demùm jure agnationis ad bona defuncti admittebatur, cùm soror esset consanguinea, quod si fratris filia aut amita erat, ut agnata, hæres esse non poterat, nam id in universum sciendum est, personam femineam, quæ gradum consanguinitatis excessit, jure agnationis ad hæreditates non admitti. Hæc ideò sic erant constituta, quia commodiùs videbatur esse et utiliùs, frequentiores ad masculos quàm ad feminas hæreditates confluere : proptereà quòd utiliores se masculi præstent reipublicæ, dùm aut bella gerunt, aut sacra faciunt, aut muneribus publicis funguntur.

Verùm cùm sanè iniquum erat in universum feminas repelli à defunctorum successione, prætor id quod naturâ æquum est præ oculis habens, bonorum possessionem undè cognati, eis pollicitus est : ex eâ parte edicti vocans eas, quâ cognatis aditum ad bona intestatorum dedit ; hoc est : cùm neque agnatus ullus neque proximior cognatus invenitur.

Quod autem dictum est, feminas jure agnationis hæredes habere, sed hæredes non esse, ubi gradum consanguinitatis excedunt, non inventum lege duodecim tabularum est : quia lex duodecim tabularum familiarem legibus simplicitatem amplexa, simili modo omnes tùm agnatos tùm agnatas cujuscumque gradùs essent, ad similitudinem suorum, ad successionem defunctorum vocabat.

Verùm Jurisconsulti qui post legem duodecim tabularum venerunt, eâ quidem posteriores, sed principum constitutionibus priores, subtilitate quâdam adducti, prædictam differentiam commenti sunt, ut feminas penitùs ab agnatorum successione repellerent, donec prætores asperitatem juri civili à Prudentibus invectam, humaniore consilio corrigentes, ut cognatas eas ad successionem admiserunt, tertio ordine cognatorum invento, ut cognatas eas vocârunt, bonorum posssseionem quæ undè cognati dicitur, illis pollicendo.

Sed Divus Justinianus, legem duodecim tabularum sequens, et vestigia ejus in hâc parte conservans, constitutione sanxit, ut personæ omnes, quæ per virilem sexum defunctum contingunt, sive mares, sive feminæ, simili modo ad legitimæ successionis jura vocentur : Quod tamen servata ubique gradûs prerogativa fiat, nam proximum quemque, aut proximam, his qui remotiore gradu sunt, præferri vult.

Hoc etiam addendum, liberi fratrum et sororum patruis et avunculis succedere.

Si plures gradus agnatorum, apertè lex duodecim tabularum, proximum vocat. Verùm notandum, si quis, nullo facto testamento decesserit, ille ut proximus admittitur, qui eo tempore, quò is mortuus est, de cujus hæreditate agitur, proximus ei erat. Quod si quis testatus decesserit, tunc quis proximus fuerit eo tempore, quo certum factum est, neminem defuncto hæredem ex testamento exstiturum.

Ex ordine legitimorum, ad filii hæreditatem et defuncti, pater vocatur qui specialiter, contractâ fiduciâ, filium, filiamve, nepotem neptemve, ac deinceps emancipavit. Hodiè verò ex constitutione Divi Justiniani, supervacuum est specialiter, contractâ fiduciâ emancipare : Quoniam id præsumptum est, constitutione Imperatoris.

CODE CIVIL.

Des successions.

CHAPITRE PREMIER.

De l'ouverture des successions et de la saisine des héritiers.

On entend par succession, la transmission des biens, droits et charges, d'une personne décédée, à une ou plusieurs autres. Les successions sont transmises par la force de la loi, et sont appelées successions
légitimes, ou bien par la volonté de l'homme, et, dans ce cas, on les
nomme successions testamentaires; les premières forment la règle générale, les secondes ne sont que des exceptions que l'homme apporte
à cette règle générale.

Les successions s'ouvrent par la mort naturelle et par la mort civile ; la première doit être constatée par les actes de décès ; la seconde, si la condamnation est contradictoire, date du jour de l'exécution réélle ou par effigie, si elle est par contumace, de l'expiration des délais qu'a le condamné pour se présenter (cinq ans). Il est quelquefois indifférent de connaître l'instant précis où une personne est morte : c'est lorsque l'héritier présomptif vit après elle ; mais quand cet héritier est mort le jour même, il est très important de préciser le moment. Je peux avoir deux cousins, héritiers présomptifs dans chacune des deux branches paternelle et maternelle, si je meurs le jour même que l'un d'eux, il est nécessaire de savoir qui de nous deux est mort le premier ; si c'est moi, mon parent, dans une des deux branches, a recueilli ma succession, et en a transmis la moitié aux siens, ne m'eût-il survécu que de quelques minutes ; dans le cas contraire, si c'est lui qui est mort le premier, mon parent dans l'autre branche, recueillera ma succession entière.

Quant aux personnes mortes dans un même événement et appelées à se succéder réciproquement, les articles 721 et 722, én se fondant sur la force de l'âge ou du sexe, nous apprennent quelles sont celles qui sont présumées avoir survécu.

La loi reconnaît deux classes d'héritiers : les héritiers parfaits ou réguliers et les héritiers imparfaits ou irréguliers.

La saisine ou investiture légale et de plein droit la possession, n'appartient qu'aux héritiers réguliers, de telle sorte qu'à la mort du défunt, ils sont saisis, malgré eux, de l'hérédité, selon cette vieille maxime : Le mort saisit le vif.

La saisine n'opère pas pour les successeurs irréguliers, ils sont bien investis de la propriété des biens, mais pour la possession, il faut qu'ils se la fassent donner par la justice.

Il ne faut pas croire cependant que la saisine soit toujours accom—

pagnée de la propriété des biens : ainsi, dans le cas d'un héritier légitime ou régulier et d'un enfant naturel, ce dernier, sans être saisi, est cependant propriétaire d'une part de la succession, de telle sorte que l'héritier légitime, quoique saisi, n'a que la propriété d'une part.

C'est à l'héritier légitime que l'enfant naturel doit s'adresser pour se faire mettre en possession de la part qui lui revient. La possession par justice n'est exigée que pour l'enfant naturel appelé à recueillir la succession entière.

Une autre différence importante, entre l'héritier légitime et le successeur irrégulier, c'est que le premier est tenu de toutes les charges de la succession, alors même qu'elles seraient plus considérables que la valeur des biens à lui laissés, par cela seul qu'il est considéré comme le continuateur de la personne du défunt ; ce n'est qu'en renonçant ou en n'acceptant que sous bénéfice d'inventaire qu'il peut se soustraire au paiement des dettes de la succession sur ses propres deniers. Le successeur irrégulier, au contraire, ne représentant pas la personne du défunt, n'est tenu des dettes que jusqu'à concurrence de la valeur des biens.

CHAPITRE II.

Des qualités requises pour succéder.

Il faut nécessairement exister à l'instant de l'ouverture de la succession ; de là, incapacité de succéder :

1° Pour celui qui n'est pas encore conçu ; car pour qu'il hérite, il faudra que l'on prouve qu'il était conçu au moment de l'ouverture de la succession et qu'il était né vivant.

2° Pour l'enfant qui n'est pas né viable : en effet, quelque courte qu'ait été l'existence de l'enfant, il hérite ; mais il ne faudrait pas que l'on pût prouver que, d'après sa conformation, il lui était impossible de conserver une existence éphémère.

3° Pour le mort civilement ; celui-là n'existe plus dans la société, et son incapacité commence dès que la mort civile le frappe ; le moment de cette incapacité sera fixé par la condamnation contradictoire ou par contumace.

L'indignité doit être prononcée : Ainsi, tant que le jugement n'a pas été rendu, l'héritier, quoique indigne est saisi de l'hérédité.

Le premier cas d'indignité que la loi énumère, a trait à celui qui serait condamné pour *avoir donné ou tenté* de donnr la mort au défunt. Il importe de bien savoir si l'intention a présidé à l'acte, car il n'y aurait pas indignité dans le cas de punition, non d'un meurtre, mais d'une imprudence qui a été cause d'un si triste événement. L'héritier reconnu coupable de meurtre sur la personne du défunt, mais dans les cas où la loi le déclare excusable, ne serait pas indigne.

Ainsi, le meurtre, lorsqu'il a été provoqué par des coups graves et des violences, lorsqu'il a été commis en repoussant une escalade ou une effraction n'entraîne pas l'indignité. Les auteurs, du reste, sont très divisés à ce sujet : Merlin, Zachariæ, pensent que le meurtre doit emporter l'indignité, alors même qu'il serait excusable ; Delvincourt enseigne, que les tribunaux doivent agir selon les circonstances ; en tout cas, il semble raisonnable que l'esprit de la loi doit reposer sur cette pensée : que l'héritier déclaré indigne, est certes celui-là qui est condamné rigoureusement et véritablement comme meurtrier.

Le second cas d'indignité , est celui d'une accusation capitale jugée calomnieuse.

L'accusation capitale ne doit nécessairement s'entendre que de celle qui a pour but de faire perdre la vie, soit naturelle, soit civile ; ce mot d'accusation ne doit cependant pas être pris dans son sens le plus absolu, car il n'appartient qu'au ministère public de diriger l'accusation, il suffira donc d'une simple dénonciation.

Le dernier cas d'indignité, est celui d'un héritier majeur qui, instruit du meurtre du défunt, ne l'aurait pas dénoncé à la justice.

Si l'héritier mineur, au moment du décès ou ignorant le crime à cette époque, arrivait à sa majorité ou à la connaissance du crime, sans le dénoncer, il est clair que le défaut de dénonciation entraînerait l'indignité.

L'art 728, en déclarant que le défaut de dénonciation ne peut être opposé à l'héritier quand le coupable est son parent ou allié en ligne directe, ne peut atteindre toujours le but que s'est proposé le législateur, celui de ne pas forcer l'héritier à être le dénonciateur des siens; ce but n'est efficace que lorsque le coupable sera déjà connu au moment où l'on voudrait faire prononcer l'indignité, car l'héritier ne pourrait se prévaloir de l'art. 728 qu'en fesant connaître le coupable, nominativement.

L'action d'indignité peut être portée par tous ceux qui ont un intérêt actuel à ce que l'héritier indigne ne vienne pas à la succession.

Un point plus délicat est de savoir si l'action pourrait être exercée par les créanciers des héritiers ou légataires.

L'art. 1166 permet bien au créancier d'exercer tous les droits de son débiteur, mais cet article excepte de cette faculté, les droits et actions attachés exclusivement à la personne; or, l'action dont il s'agit doit être de ce nombre, car la question d'indignité est une affaire toute morale; d'où l'avantage pécuniaire ne ressort que par contre-coup.

L'indigne reconnu comme tel, ne doit profiter en rien des biens de la succession; il devra donc rendre les fruits qu'il a perçus, de telle sorte qu'il ne pourra prescrire cette restitution, qu'en prescrivant celle des biens, c'est-à-dire par trente ans, depuis l'ouverture de la succession.

On peut venir à une succession, soit de son chef, soit par représentation. On vient de son chef, quand on est soi-même appelé; par représentation, quand on prend la place laissée vacante par un ascendant prédécédé. Il suit de là, qu'on ne peut représenter une personne vivante.

La question de représentation a été très débattue, ce serait selon quelques-uns, les enfants d'un père prédécédé, et non ceux d'un père survivant au *de cujus*. Par cela seul, que l'indignité n'opère pas de plein droit, que dès-lors l'héritier, en ce qui touche le père mort avant le *de cujus*, est mort avant le jugement, ses enfants ne doivent pas être considérés comme ceux d'un indigne.

L'art. 730, devra dès-lors être pris dans ce sens, que les enfants de celui qui a survécu au *de cujus*, sont censés seuls représenter un indigne.

CHAPITRE III.

Des divers ordres de succession.

Ce chapitre a trait aux successions régulières des héritiers légitimes, que le Code divise en trois catégories : les descendants, les ascendants, les collatéraux. Cependant il semble qu'une division en quatre classes doive être préférée : 1° les descendants ; 2° les ascendants et les collatéraux privilégiés ; 3° les ascendants ordinaires ; 4° les collatéraux ordinaires. Nous appellerons les ascendants privilégiés, les père et mère; et les collatéraux priviligiés, les frères et sœurs avec leurs descendants.

Il n'est pas juste, non plus de dire, que les successions appartiennent au plus proche parent; c'est à la classe la plus favorable de parents que la succession se défère. Ainsi, un arrière-petit-fils qui est au troisième degré, exclut un frère qui est au second.

La loi, en ne considérant plus la nature ni l'origine des biens, a fait allusion à une ancienne coutume, qui distinguait les meubles des immeubles, les biens nobles des biens roturiers ; quant à l'origine, on divisait les propres venus au défunt du père, de ceux qui venaient du côté de la mère et qui constituaient la règle, *paterna paternis, materna maternis.*

L'art. 747 nous donne cependant une exception à cette règle : il porte que tout ascendant qui a donné à un de ses descendants, certains biens, les reprenne à l'exclusion de tout autre parent, si toutefois ce descendant est mort sans postérité.

L'art. 766 nous offre une seconde exception : pour l'enfant naturel, reconnu par son père ou par sa mère, qui meurt sans descendants légitimes, et après l'auteur qui l'a reconnu, les biens provenant du chef de son auteur reviennent aux descendants légitimes de celui-ci.

Toute succession échue à des ascendants ou à des collatéraux, se divise en deux parts offertes séparément, l'une aux parents paternels du défunt, l'autre aux parents materriels. Les parents paternels sont ceux qui se rattachent à une personne par le père, les parents maternels ceux qui tiennent à elle par la mère.

Quant aux parents utérins et consanguins, ils ne prennent part que dans leur ligne respective : ainsi, si je laissais trois neveux, dont l'un

consanguin, je suppose, et les deux autres germains, ceux-ci qui tien--
nent à moi par les deux lignes paternelle et maternelle , prendraient
part dans les deux branches, tandis que le neveu consanguin ne pren-
drait sa part que dans la ligne paternelle. Cette division opérée, il ne
s'en fait plus d'autre entre les diverses branches.

SECTION II.

De la représentation.

La représentation est une fiction de la loi, qui a pour but de faire
entrer les représentants dans la place, le degré, ainsi que dans les
droits du représenté.

La représentation a lieu en ligne directe descendante à l'infini, tandis qu'elle n'a pas lieu pour les ascendants, c'est le plus proche qui exclut le plus éloigné ; en ligne collatérale, elle est admise en faveur des
enfants et descendants des frères et sœur du défunt.

Celui-là seul peut être représenté qui a été frappé de mort soit naturelle, soit civile, avant le décès du *de cujus.* Il est évident qu'on ne
peut pas représenter une personne qui était encore vivante à l'ouverture de la succession. D'un autre côté , la représentation n'entraîne
pas non plus la nécessité d'être l'héritier de celui qu'on représente ,
car on peut représenter celui à la succession duquel on a renoncé. Un
individu meurt, ses enfants renoncent à la succession et par conséquent à tous les droits et charges qu'elle contient ; puis, vient à
s'ouvrir une autre succession, à laquelle le défunt, s'il vivait, serait

appelé : les enfants , en renonçant à la succession du père, n'ont pas du tout renoncé aux droits de représentaton , et , par conséquent, ils pourront venir prendre part à la succession dont il s'agit.

SECTION III.

Des successions déférées aux descendants.

L'art. 745 nous apprend que tant qu'il existe un descendant légitime, n'importe à quel degré, il est préféré à tout autre parent. Les enfants légitimés et les enfants adoptifs doivent aussi être compris dans cet article, sauf une différence entre eux. L'enfant légitimé succède non-seulement à son ascendant, mais encore à tous les ascendants de ce dernier, comme s'il était né légitime; l'enfant adoptif ne succède pas aux parents de l'adoptant , car l'adoption ne le rattache pas à eux.

SECTION IV.

Des successions déférées aux ascendants.

La division en quatre classes d'héritiers, comme je l'ai déjà dit au chapitre III, vient ici en son lieu et place. En effet , s'il n'y avait que trois ordres d'héritiers, il s'ensuivrait que les ascendants viendraient de suite après les descendants. L'art. 746 cependant prouve le contraire, car il dit : Les ascendants ne viendront après les descendants , *que s'il n'existe ni frères ni sœurs, ni descendants d'eux.* D'un autre côté, comme les collatéraux ne recueille pas la succession entière, qu'ils la partagent avec les père et mère du défunt s'ils existent, il s'ensuit que la division en quatre ordres d'héritiers est exacte, et que la dénomination de collatéraux et d'ascendants privilégiés, appliquée aux frères et sœurs du défunt et descendant d'eux, ainsi qu'aux père et mère de ce même défunt, est juste.

Les art, 748 et 749 s'occupent des ascendants et des collatéraux concourant ensemble.

La succession, si le défunt a laissé son père et sa mère, se partage par moitié avec ses frères et sœurs ou descendants d'eux, tandis que si un ascendant est mort, le père, par exemple, sa part accroît aux frères et sœurs.

SECTION V.

Des successions collatérales.

Les trois premiers articles de cette section prouvent encore que certains ascendants et collatéraux ne forment qu'un seul ordre d'héritiers; du reste, ces articles ne font que reproduire les règles portées par les deux derniers de la section précédente. Ainsi donc, soit que les collatéraux privilégiés prennent la moitié, soit qu'ils prennent les trois-quarts, soit enfin la totalité, en l'absence de tout ascendant privilégié, la division se fait par moitié entre les deux lignes paternelle et maternelle du défunt.

L'article 753, en s'occupant des héritiers et collatéraux ordinaires, nous apprend qu'à défaut de descendants, de collatéraux et ascendants privilégiés, la succession est dévolue par moitié aux collatéraux et ascendants ordinaires. En outre, l'ascendant survivant, en concours avec des collatéraux ordinaires, garde l'usufruit du tiers des biens dont il n'a pas la propriété.

A défaut de parents au douzième degré, les parents de l'autre ligne succèdent pour le tout.

CHAPITRE IV.

Des successions irrégulières.

J'ai à m'occuper des droits de l'enfant, légalement reconnu, à la succession de ses père et mère.

Et d'abord, l'enfant légalement reconnu a un droit sur les biens de ses père et mère, il a même une créance pour des aliments, lorsqu'ils sont vivants.

En concours avec des descendants légitimes, l'enfant neturel n'a que le tiers de ce qu'il aurait, s'il était légitime. Ce droit, avec des collatéraux ou des ascendants privilégiés, est de la moitié; il est des trois-quarts, lorsque les père et mère ne laissent que des ascendants ou collatéraux ordinaires. L'enfant naturel a droit à la totalité de la succession, quand le défunt ne laisse pas de parents au degré successible.

L'article 759, en supposant que l'enfant naturel légalement reconnu ait prédécédé le père ou la mère qui l'a reconnu, donne le droit à ses enfants ou descendants de réclamer les droits du défunt. Il faut bien remarquer que ce droit n'est accordé qu'aux descendants légitimes de l'enfant naturel.

L'obligation des enfants naturels d'imputer sur ce qu'ils ont droit de prétendre, ce qu'ils ont reçu de leurs père et mère diffère du rapport dû par les héritiers légitimes.

L'héritier se trouve quelquefois obligé de rendre l'immeuble en nature (art. 859); et, quand il est dispensé de ce rapport, son rapport fictif se fait d'après la valeur que le bien présentait lors de l'ouverture de la succession; l'enfant naturel, au contraire, ne devant pas rapporter, mais seulement fournir une somme, le montant de sa dette se trouve fixé à l'instant même de la donation; que si l'immeuble venait à périr avant la mort de donateur, il n'en serait pas moins obligé, tandis que l'héritier, lorsque l'immeuble vient à périr sans sa faute, n'est tenu d'aucune obligation (art. 855).

La loi, dans le but d'éteindre ou au moins de diminuer les haines des héritiers légitimes contre les enfants naturels, a permis aux père et mère de donner de leur vivant, à ces derniers, la moitié de la portion legale; dès-lors les enfants légitimes et les enfants naturels y trouvent leur compte, car les premiers ne se voient dépouillés que d'une faible partie des biens, et le second, en obtenant du vivant des père ou mère des biens qu'ils ne doivent avoir que plus tard, ont l'avantage de pouvoir les utiliser immédiatement. Il faut du reste que la déclaration des père et mère soit expresse à cet égard.

Quant aux enfants adultérins ou incestueux, la loi ne leur accorde que des aliments proportionnés à la fortune des père et mère.

La succession de l'enfant naturel, décédé sans postérité, est dévolue au père ou à la mère qui l'a reconnu ou par moitié à tous les deux, s'il a été reconnu par l'un et par l'autre. Il suit de là que si l'enfant naturel laisse des enfants légitimes, car la bâtardise du père ne rend pas ses enfants bâtards, la succession leur serait dévolue; s'il ne laissait que des enfants naturels, ceux-ci ne viendraient qu'à défaut de parents au degré successible.

L'art. 766, qui déclare qu'en cas de prédécès des père et mère de l'enfant naturel, les biens qu'il en avait reçus passent aux frères ou sœurs légitimes, a été controversé; à savoir si le droit de succéder n'appartient qu'aux enfants légitimes du premier degré ou si les enfants de ceux-ci peuvent l'exercer. Il semble juste que la représentation doive être admise. En effet, ne serait-il pas injuste que dans le cas d'une succession entre deux enfants légitimes et un enfant naturel, le fils d'un des enfants légitimes ne pût pas représenter son père dans la succession de l'enfant naturel décédé?

Des droits du conjoint survivant et de l'État.

A défaut de parents au degré successible et d'enfants naturels, la succession passe au conjoint non divorcé, ou, à son défaut, à l'État. Il est cependant un cas où l'État se trouve primé; c'est lorsque le défunt est mort dans un hospice (loi du 15 pluviose an xiii, art. 8).

Quant aux devoirs du conjoint et de l'administration des domaines, qui représente l'État, ils sont réglés par les articles 769 et suivants, qui les obligent de faire apposer les scellés, de faire faire inventaire, et de demander l'envoi en possession au tribunal, dans le ressort duquel la succession est ouverte. Le tribunal ne peut statuer sur la demande, qu'après trois publications et affiches, et avoir entendu le ministère public. L'époux survivant est tenu de donner caution et non par l'État, ce dernier est censé toujours solvable.

L'époux ou l'administration des domaines, dans le cas où ils n'auraient pas rempli les formalités que je viens d'indiquer, pourront être condamnés à des dommages-intérêts, car leur possession est considérée comme non légale, et par suite, de mauvaise foi.

CODE DE COMMERCE.

De la société en nom collectif.

Les sociétés commerciales ont beaucoup de rapport avec |les sociétés civiles, cependant elles ne peuvent être confondues.|

La société commerciale présente les caractères suivants : 1° Un apport de chaque associé, soit que cet apport consiste en argent, en industrie, ou en d'autres biens. 2° Un intérêt commun qui doit résulter de l'éventualité d'un bénéfice auquel chacun des intéressés doit prendre part. Il faut en outre que la société ait un caractère légal, sans lequel elle ne saurait être considérée comme valable.

On distingue quatre sortes de sociétés : la première est la société en nom collectif. Les membres de cette société sont tous connus, et

personnellement responsables , envers les tiers, des engagements so-
ciaux.

La seconde, est la société anonyme, dont tous les membres sont
inconnus et étrangers à toute responsabilité personnelle envers les
tiers.

La troisième est la société en commandite, qui tient de la société en
nom collectif, en ce que certains membres sont connus et responsables
envers les tiers; et de la société anonyme, en ce que d'autres membres
sont inconnus et irresponsables.

Enfin, la quatrième, est l'association en participation : c'est une
société formée par deux ou plusieurs personnes pour une ou plusieurs
affaires déterminées.

La société en nom collectif ne peut être prouvée par témoins; cependant comme la loi, à la différence des sociétés anonymes , permet
aux associés de rédiger leurs conventions sous seing-privé, il fallait
porter cependant à la connaissance du tiers les clauses qu'il leur est
nécessaire de connaître. Du reste, l'art. 42 dit : L'extrait des actes de
société en nom collectif, doit être remis, dans la quinzaine de leur date,
au greffe du tribunal de commerce de l'arrondissement dans lequel est
établie la maison de commerce, pour être transcrit sur le registre et
affiché pendant trois mois dans la salle des audiences : de plus, l'art.
43 veut que les noms, qualités des associés, la raison sociale, la dési-
gnation des administrateurs, l'époque où la société doit commencer et
celle où elle doit finir, soient mentionnés dans l'extrait, et il ajoute :
A peine de nullité à l'égard des tiers.

La société en nom collectif est réputée personne civile; la raison
sociale est un nom à elle qui lui est propre. La capacité qu'a chaque
associé de pouvoir administrer, lui donne le droit de s'obliger et d'obliger les tiers envers la société entière, à moins que cette capacité n'ait
toutefois été déférée à un seul ou à plusieurs. Cette délégation, selon

qu'elle ait été faite postérieuremet à l'acte de société ou par cet acte même, est révocable ou irrévocable.

A la différence des sociétés civiles, et dans le cas où le droit d'administrer aurait été légué à quelques-uns des associés, les administrateurs peuvent, sans mandat spécial, engager la société envers les tiers, pourvu que ces derniers aient cru traiter, non avec un seul associé, mais avec la société entière.

Pour les obligations de l'être moral, société, elles réagissent en quelque sorte sur chaque associé, qui se trouve dès-lors responsable envers les créanciers de la société tenu solidairement pour le tout.

Il est des causes qui produisent de plein droit la dissolution de la société, d'autres ne font que donner lieu à cette demande en dissolution.

Les premières, celles qui opèrent de plein droit, sont : Le consentement des parties, l'expiration du temps, la mort civile, la mort naturelle, l'interdiction, la faillite. Les causes pour la demande en dissolution sont laissées à l'appréciation de ceux qui règlent sur les contestations entre associés.

Lorsqu'une société est dissoute, il faut nécessairement procéder à la liquidation qui déterminera l'excédant de l'actif sur le passif, et *vice versâ*. Cette liquidation se fait par des mandataires ou liquidateurs qui sont nommés par le tribunal, si les associés ne peuvent s'accorder entre eux, ou bien par l'acte de société, soit même par un acte postérieur. Le liquidateur qui peut être une personne étrangère, a les mêmes pouvoirs qu'un mandataire.

Les effets du partage, en attribuant en toute propriété à chacun des co-partageants une portion de la chose sur laquelle il n'avait qu'un droit indivis, sont les mêmes qu'en matière de succession.

CODE ADMINISTRATIF.

—

Que doit-on entendre par le mot **FAVEUR** *, émanant de l'administration
active au premier chef ?*

Le pouvoir administratif se divise en pouvoir exécutif pur, et administration active, qui se subdivise elle-même en administration active
au premier chef ou pouvoir gracieux , et en administration active au
second chef ou pouvoir contentieux.

Et d'abord , le pouvoir exécutif pur ne règle que les généralités ;
l'administration active au second chef, a trait à l'intérêt général, en
opposition avec un intérêt individuel ; l'administration, au premier
chef s'applique au contraire à toute mesure qui ne se réfère qu'à un intérêt individuel.

Il est bon, à propos du mot *faveur*, de préciser les mots *intérêt*,
droit et *déclassement*.

L'intérêt, en administration, est l'absence du droit ; car l'intérêt
résulte pour l'individu du désir d'obtenir une gratification, une faveur
spéciale.

Le droit doit être envisagé sous deux points de vue : 1° Droit
proprement dit ; 2° droit acquis.

Le droit proprement dit se rattache à la qualité de propriétaire d'une chose mobilière ou immobilière. — Le droit acquis, au contraire, naît des actes qui sont purement discrétionnaires, et prennent dès-lors naissance dans un acte administratif.

Quant au déclassement, c'est la loi qui rend une matière administrative essentiellement judiciciaire; et réciproquement, en appliquant toutefois les principes relatifs à la séparation des pouvoirs administratif et judiciaire.

L'autorité administrative a seule le droit d'accorder certaines faveurs que l'intérêt général seul doit, parfois, lui faire refuser. Les faveurs sont de deux sortes : les unes se nomment *concessions* ; les autres prennent le nom générique de *faveurs*.

Sans contredit, plus la concession est importante, plus l'administration doit veiller à ce que le plus digne l'obtienne. Les *eaux*, les *mines* et les *dessèchements de marais* forment les plus grandes concessions.

Quant à ce qui touche les cours d'eau navigables ou flottables, ils appartiennent au domaine public.

Pour les cours d'eau non navigables ou flottables, la matière est assez délicate. Les particuliers, devront, selon nous, avant d'établir des ouvrages sur des rivières non navigables ou flottables, demander l'autorisation de l'administration, qui se réserve toujours le droit de retirer les concessions qu'elle accorde. Par cela seul, que l'administration peut faire une concession, elle peut la retirer, mais pour des motifs d'intérêt général.

C'est en cette matière surtout que l'admission des demandes doit être précédée d'une instruction approfondie, car ces concessions sont les actes importants du pouvoir gracieux, et ceux qui se rattachent de plus près à l'intérêt public.

Une autre question se présente naturellement. Le propriétaire dont l'usine a été emportée ou incendiée, peut-il, sans nouvelle autorisation, reconstruire son usine ? Certains auteurs en ont douté: il semble cependant juste que le droit du propriétaire, étant un droit acquis, conserve le droit d'avoir l'usine; que si l'autorité s'oppose à la reconstruction, elle fait un acte du pouvoir contentieux, et contre lequel un recours est ouvert au propriétaire de l'usine. Si cependant celui-ci voulait agrandir son établissement, il serait obligé de demander une nouvelle concession.

Quant à la matière des mines, le Code civil a décidé que le propriétaire du sol du dessus était aussi propriétaire du dessous; mais les mines en France, sont en général, à une assez grande profondeur; et si la loi avait maintenu le droit exclusif du propriétaire, le pays aurait été privé des trésors que récèle la terre. Aussi le décret de 1810 a-t-il abandonné les concessions de mines à l'administration ; toutefois, le propriétaire de la surface du sol a droit à une redevance. Il faut donc distinguer entre la concession de la mine et la fixation de l'indemnité. La concession de la mine ne donne lieu à aucun recours contre cet acte de l'administration active au premier chef; la fixation de l'indemnité n'étant pas un simple intérêt, mais un droit qui est blessé, donne lieu de la part du propriétaire à un recours.

Les concessions des marais sont un acte du pouvoir gracieux; il est un cas cependant où il existe un recours : c'est lorsque le propriétaire demande lui-même à dessécher le marais; il n'y a pas ici le même inconvénient que pour les mines, car étant propriétaire de toute la surface, il doit avoir les ressources nécessaires lorsqu'il entreprend un pareil ouvrage : il a un droit que lui accorde la loi, si l'autorité le lui refuse, il a, pour le faire valoir, un recours contentieux.

Dans un cas tout spécial, que décider, si un individu déclaré légataire d'une succession à la condition de prendre le nom du testateur, ayant demandé l'autorisation de changer de nom, cette autorisation lui était refusée ? Le legs sera-t-il caduc ? Nous pensons que si l'administration faisait ce refus, il y aurait recours contentieux en faveur de ce légataire, car il a un droit à changer de nom.

Les faveurs demandées et refusées par l'administration ne peuvent donner lieu à aucun recours.

Le refus de gratifications, à moins de stipulation pour supplément de traitement pour un travail extraordinaire, ne peut non plus donner lieu à aucun recours.

La matière des indemnités est entièrement subordonnée à des principes généraux. Elle se divise : 1° en dommages nécessaires, inévitables; 2° en dommages accidentels, réparables. L'indemnité sera conventionnelle ou légale, ou purement discrétionnaire. La première réparera les dommages prévus, soit dans la convention, soit dans la loi. Si elle est refusée, la partie a le droit d'attaquer la décision par voie contentieuse. Lorsque l'indemnité n'est que discrétionnaire, elle ne constitue qu'une simple faveur, dès-lors le recours contentieux est impossible : un entrepreneur, par exemple, qui, ayant mal fait ses calculs, se trouverait ruiné par la hausse des prix des matières qu'il doit employer.

La matière des tarifs offre peu de difficultés. Il y a toutefois un cas exceptionnel : Le pouvoir législatif, qui devrait seul fixer les droits de péage qu'un particulier est autorisé à percevoir sur des voies de communication d'une nature quelconque, a rendu l'administration compétente en cette matière.

Vu par le Président de la Thèse,
CHAUVEAU.

Toulouse, Imprimerie de Lagarrigue, allée Lafayette, 5.